LA ATRACCIÓN DE LA VIDA

T0245855

ERICH FROMM

LA ATRACCIÓN DE LA VIDA

Aforismos y opiniones

Selección a cargo de Rainer Funk

Obra editada en colaboración con Editorial Planeta - España

Título original: *Was anzieht, ist immer das Lebendige*

Erich Fromm

© 2000, Herederos de Erich Fromm

Publicado originalmente, en 2000, en alemán por Manesse Verlag, Zúrich

© 2000, Introducción: Rainer Funk

© 2003, Traducción: R. S. Carbó

© 2023, Editorial Planeta, S. A. - Barcelona, España

Derechos reservados

© 2023, Ediciones Culturales Paidós, S.A. de C.V.
Bajo el sello editorial PAIDÓS M.R.
Avenida Presidente Masarik núm. 111,
Piso 2, Polanco V Sección, Miguel Hidalgo
C.P. 11560, Ciudad de México
www.planetadelibros.com.mx
www.paidos.com.mx

Primera edición impresa en España: febrero de 2003
Primera edición impresa en España en esta presentación: enero de 2023
ISBN: 978-84-493-3993-6

Primera edición impresa en México: abril de 2023
ISBN: 978-607-747-536-1

Impreso en los talleres de Litográfica Ingramex, S.A. de C.V.
Centeno núm. 162-1, colonia Granjas Esmeralda, Ciudad de México
Impreso en México – *Printed in Mexico*

SUMARIO

INTRODUCCIÓN

Hoy día recibimos montones de ofertas de teorías científicas y de propuestas para ayudarnos a vivir y dar un sentido a las cosas. Y la tentación de resolver las cuestiones y problemas de nuestra vida adquiriendo tales ofertas es cada vez más grande. En un tiempo en el que casi todo lo conocido se comercializa y se consume, la convicción de que las respuestas a las cuestiones de la vida no se encuentran viviendo «humanamente» sino adquiriendo ofertas de vivencias, es más, de que consumir tales ofertas es la manera propia del ser humano de responder a las cuestiones de la vida, se hace más profunda.

Los aforismos y las opiniones de Erich Fromm escogidos en este libro son la defensa comprometida y polifacética de una respuesta que pone en cuestión el «sano sentido común», hoy tan ratificado. Las fuerzas vivificadoras están en el ser humano mismo, en una vida que activa y pone en práctica los potenciales espirituales, anímicos y corporales. Tenemos aptitudes sensoriales cuyo único fin es que las usemos: tenemos ojos para ver y oídos para escuchar. Igual que los sentidos son el potencial de las aptitudes sensoriales, también tenemos fuerzas emocionales que solo se convierten en aptitudes por medio de la praxis. A diferencia de las posibilidades corporales y sensoriales, que se potencian fácticamente por sí solas a lo largo de la vida, es necesario fomentar premeditadamente los potenciales espirituales y psíquicos si queremos disponer de ellos como aptitudes vivificadoras para llevar nuestra vida a su plena realización.

Estas aptitudes emocionales arraigadas en el ser humano nos capacitan para amar, confiar, estar interesados, simpatizar, ser tiernos pero también críticos, luchar por la verdad y contra la injusticia y liberar de dependencias a los seres humanos. Estas aptitudes tienen un efecto vivificador que viene de dentro. No se agotan al ponerse en práctica, sino que se potencian. Mantienen vivo al ser humano cuando sus fuerzas físicas ya están sobradamente agotadas.

El mensaje de estos más de cuatrocientos aforismos y opiniones parece simple, a veces casi demasiado simple, y sin embargo tiene algo que desarma, profundo y fundamental, sorprendentemente nítido y clarividente. Cada punto de vista se formula en una frase y se reduce a ese mínimo denominador por el que uno mismo lleva décadas esforzándose. Otras frases provocan oposición, generan resistencia porque apelan a un saber que entra en conflicto con la corriente principal de la imagen del ser humano hoy favorecida y con la vivencia de uno mismo socialmente prescrita.

La presente selección se orienta a la pregunta por el arte

de vivir, cuyo «corazón» Fromm vio, con una madurez creciente, en la «biofilia», el amor a lo vivo.

Darse cuenta de que el amor a lo vivo es decisivo para el éxito de la vida fue un descubrimiento psicológico y científico para él, pero sobre todo fue el fruto de esforzarse toda su vida (esfuerzo a veces muy penoso y desilusionador) por nutrirse de las propias (y limitadas) facultades y posibilidades psíquicas. Este esfuerzo reluce a través de muchas de las citas. Uno nota que no son creaciones de gran riqueza espiritual e intelectual, sino quintaesencias de la experiencia propia que también aspiran a ser válidas para cualquiera que busque lo vivo en el ser humano.

RAINER FUNK

CAPÍTULO
1

La atracción de la vida

(1974 b, GA XI, pág. 627)

No hay nada más atrayente que un ser humano que ama y que se nota que ama no algo o a alguien, sino la vida.

(1974 c, GA XI, pág. 367)

Alguien es interesante porque se interesa, y alguien es amado porque es capaz de amar y porque ama la vida que hay en él y en los demás seres humanos.

(1967 e, GA XI, pág. 347)

El amor a la vida es el núcleo de cualquier clase de amor. Amor es amor a la vida en un ser humano, en un animal, en una planta.

(1967 e, GA XI, pág. 345)

El amor es por decirlo así la «llave maestra» con la que abrir las puertas al crecimiento del ser humano.

(1992 q [1965], GA XI, pág. 594)

La vida es la obra maestra de todo ser humano, en la que se trata de conseguir un grado óptimo de fortaleza y crecimiento.

(1991 d [1974], GA XII, pág. 283)

La vida significa cambio constante, nacimiento permanente. La muerte significa dejar de crecer, anquilosamiento, repetición.

(1962 a, GA IX, pág. 152)

«Estructura» es un atributo de la vida; «orden» es un atributo de la falta de vida, de lo muerto.

(1976 a, GA II, pág. 391)

La vida es crecimiento estructurado, y, de acuerdo con su esencia más íntima, no puede controlarse estrictamente ni predeterminarse.

(1964 a, GA II, pág. 194)

Unión y crecimiento integrado son característicos en todos los procesos vitales, también en la sensibilidad y el pensamiento.

(1964 a, GA II, pág. 185)

Quien ama la vida se siente atraído por el proceso vital y de crecimiento en todos los ámbitos.

(1964 a, GA II, pág. 186)

El crecimiento solo es sano si se realiza en el interior de una estructura.

(1976 a, GA II, pág. 391)

El biófilo antepone la estructura a la adición.

(1970 i, GA IX, pág. 417)

Todo ser humano tiene de por sí la propensión a desarrollarse, a crecer y ser productivo, de manera que la parálisis de esta tendencia ya es en sí misma síntoma de una enfermedad psíquica.

(1947 a, GA II, pág. 138)

La salud mental, como la salud física, no es una meta a la que haya que forzar al individuo desde el exterior. El acicate ya está en el individuo y para reprimirlo es necesario que se le opongan fuerzas ambientales poderosas.

(1947 a, GA II, pág. 138)

La condición previa más importante para que el niño desarrolle amor a la vida es que conviva con seres humanos que amen la vida.

(1964 a, GA II, pág. 190)

Todas aquellas acciones y conductas que ralenticen o destruyan el crecimiento y la estructura de un ser, sea este una planta o un ser humano, son irracionales.

(1991 d [1974], GA XII, pág. 280)

Solo puede vivirse la vida en sus manifestaciones individuales: en un ser humano o también en un pájaro o una flor.

(1964 a, GA II, pág. 194)

Si la vida fuera más interesante, no habría, creo yo, guerras.

(1980 b)

Quien no está vivo, no puede ser feliz.

(1991 e [1953], GA XI, pág. 236)

Cuanto más ama alguien la vida, más tiene que temer la amenaza constante a la verdad, la belleza y la integridad de la vida.

(1967 e, GA XI, pág. 348)

Ante la vida, salimos huyendo.

(1974 b, GA XI, pág. 628)

Las oraciones fúnebres más brillantes, incluyendo sus enumeraciones de éxitos, no pueden ocultar la verdadera pregunta, que no deberíamos eludir: ¿estábamos o estamos realmente vivos? ¿Vivimos o somos vividos?

(1983 b [1971], GA XI, pág. 337)

CAPÍTULO
2

La destructividad es consecuencia de la vida no vivida

(1947 a, GA II, pág. 137)

Porque el ser humano no puede vivir sin esperanza, aquel al que se haya destrozado completamente la esperanza odia la vida.

(1968 a, GA IV, pág. 276)

La fe y el amor a la vida defraudados hacen cínico y destructivo al ser humano.

(1964 a, GA II, pág. 173)

Cuanto más se frustra el impulso de vivir más se refuerza el de destruir.

(1941 a, GA I, pág. 324)

Cuando el ser humano ya no está alegre y no ve ningún sentido a interesarse por la vida, siente que, aun estando vivo, su alma está muerta; entonces se aburre y empieza a odiar la vida y a desear destruirla.

(1992o [1968], GA XI, pág. 586)

Cuando la vida deja de ser atractiva e interesante, el ser humano cae en la desesperación y no está precisamente dispuesto a renunciar a la satisfacción de destruir, aunque le vaya en ello la propia vida.

(1992o [1968], GA XI, pág. 586)

Destruyendo, el ser humano invalida el milagro de la creación mediante un acto que no exige ni presteza ni talento sino solo la posesión de armas.

(1992 o [1968], GA XI, pág. 586)

Sentirse atraído por lo no vivo conduce, incluso en las formas menos dramáticas, a una indiferencia por la vida que reemplaza «el profundo respeto ante la vida».

(1968 a, GA IV, pág. 292)

La necrofilia es una perversión auténtica: aunque se está vivo, no se ama lo vivo, sino lo muerto; no el crecimiento, sino la destrucción.

(1964 a, GA II, pág. 185)

La voluntad de destruir tiene que aparecer cuando no se puede satisfacer la voluntad de crear algo.

(1955 a, GA IV, pág. 31)

La destructividad es una posibilidad secundaria de desarrollo que radica en la existencia humana misma y que tiene la misma intensidad y el mismo poder que pueda tener cualquier otra pasión.

(1955 a, GA IV, pág. 31)

Parece que el grado de destructividad es proporcional al bloqueo que sufra el despliegue de las posibilidades humanas.

(1947 a, GA II, pág. 136)

La necrofilia no es el amor a la muerte, sino el amor a lo muerto, a todo lo que no está vivo.

(1974 b, GA XI, pág. 626)

Quien ama lo muerto ama inevitablemente la violencia.

(1964 a, GA II, pág. 181)

Destruir la vida solo exige una cosa: aplicar la violencia.

(1964 a, GA II, pág. 174)

Toda violencia remite finalmente al poder de matar.

(1964 a, GA II, pág. 181)

La violencia se legitima por su fuerza, su supremacía y su poderío.

(1967 e, GA XI, pág. 342)

La violencia como principio no es precisamente parte de nuestra «naturaleza humana».

(1967 e, GA XI, pág. 342)

Si el ser humano posee un potencial de violencia destructiva y sádica es porque es un ser humano y no una cosa y porque tiene que intentar destruir la vida cuando no puede crearla.

(1964 a, GA II, pág. 175)

En el acto de la destrucción nos hacemos más fuertes que la vida.

(1992 f [1956], GA XII, pág. 133)

El ser humano se jacta de su poder de destrucción para esconder su impotencia como ser humano.

(1962 a, GA IX, pág. 154)

La popularidad de la violencia se debe a la desesperación y al vacío anímicos y espirituales y al odio a la vida que brota de ellos.

(1968 a, GA IV, pág. 367)

Exactamente igual que la sexualidad puede engendrar vida, la violencia puede destruirla.

(1964 a, GA II, pág. 181)

Si los seres humanos no temen la aniquilación total es porque no aman la vida.

(1964 a, GA II, pág. 193)

Vulnerar en un ser humano cualquiera las fuerzas dirigidas a la vida repercute indefectiblemente sobre nosotros mismos.

(1947 a, GA II, pág. 142)

Desde un punto de vista psicológico, la destructividad es la alternativa a la esperanza, exactamente igual que la atracción por lo muerto es la alternativa al amor a la vida, y la alegría, la alternativa al aburrimiento.

(1968 a, GA IV, pág. 277)

La violencia irracional engendrada por el aburrimiento y la desesperanza no puede eliminarse o debilitarse mediante el castigo.

(1992 o [1968], GA XI, pág. 586)

Es un error fatal querer reducir el potencial de violencia endureciendo los castigos de los crímenes y mediante más «ley y orden».

(1992 o [1968], GA XI, pág. 586)

Solo hay una esperanza de contener la ola de violencia: tenemos que recuperar una sensibilidad para todo lo vivo.

(1990 r [1966], GA IX, pág. 509)

CAPÍTULO
3

El ser humano no ha nacido para que lo rompan

(1944 a, GA XII, pág. 126)

La naturaleza humana no es una suma de impulsos fijada biológicamente de antemano ni la sombra sin vida de un modelo cultural al que se ajusta sin fricciones.

(1941 a, GA I, pág. 230)

En la naturaleza humana hay ciertos factores fijos e inamovibles: la necesidad de satisfacer los impulsos condicionados fisiológicamente y la necesidad de evitar el aislamiento y la soledad del alma.

(1941 a, GA I, pág. 230)

Todos los «impulsos» que condicionan las diferencias en el carácter de los seres humanos (por ejemplo, el amor y el odio, el afán de poder y el anhelo de sometimiento, la alegría del placer sensible y el miedo ante el mismo) son producto del proceso social.

(1941 a, GA I, pág. 224)

Las pasiones del ser humano y sus miedos son un producto de la cultura.

(1941 a, GA I, pág. 224)

Las inclinaciones más bellas del ser humano, así como las más abominables, no son un componente fijo, biológicamente dado, de su naturaleza, sino el resultado del proceso social que hace al ser humano.

(1941 a, GA I, pág. 224)

La historia de la humanidad está escrita con sangre.

(1964 a, GA II, pág. 164)

El mal es el intento de trascender del terreno de lo humano al de lo inhumano, y a pesar de ello es algo profundamente humano, porque el ser humano es tan incapaz de ser un animal como de ser «Dios».

(1964 a, GA II, pág. 266)

El ser humano no es bueno ni malo. Quien crea en su bondad ilimitada verá inevitablemente todos los hechos bajo una luz rosada y al final sufrirá una amarga decepción. Quien crea en el otro extremo acabará siendo un cínico, ciego a las muchas posibilidades de bondad en sí mismo y en los otros.

(1964 a, GA II, pág. 246)

El mal y la pérdida del sí mismo son tan reales como el bien y el estar vivo. Son las posibilidades secundarias del ser humano cuando este no se decide por sus posibilidades primarias.

(1962 a, GA IX, pág. 153)

Si se pone obstáculos a la tendencia de la vida a crecer y vivir, la energía inhibida padece un proceso de transformación y se convierte en energía destructiva de vida.

(1947 a, GA II, pág. 137)

Aspirar a la salud mental, la felicidad, la armonía, el amor y la productividad es innato en todo ser humano que no venga al mundo siendo moral o mentalmente idiota.

(1955 a, GA IV, pág. 193)

La misión más importante que tiene el ser humano en la vida es contribuir a su propio nacimiento y llegar a ser lo que potencialmente es.

(1947 a, GA II, pág. 149)

Hay que entender la vida como proceso y no como secuencia de fases determinadas.

(1989 a [1974-1975], GA XII, pág. 453)

La vida entera de cada uno no es sino el proceso de darse a luz a sí mismo.

(1955 a, GA IV, pág. 23)

Nacer es un proceso permanente.

(1992 f [1956], GA XII, pág. 132)

Educar para la creatividad es sinónimo de educar para la vida.

(1959 c, GA IX, pág. 407)

Todo incremento de alegría que una cultura pueda ofrecer contribuirá más a educar a sus miembros en las costumbres que todas las amenazas de castigo y prédicas de virtudes.

(1947 a, GA II, pág. 145)

El trágico destino de la mayoría de los seres humanos es que mueren antes de haber nacido.

(1955 a, GA IV, pág. 23)

En el terreno de la vida solo se puede influir sobre los otros por medio de fuerzas propiamente vitales, como el amor, la iniciativa o el ejemplo.

(1964 a, GA II, pág. 194)

El niño debe «realizarse a sí mismo». Pero desde el primer día de su vida la conformidad le inspira un respeto profundo; tiene miedo de ser «diferente» y no pertenecer al rebaño.

(1967 b, GA V, pág. 299)

Echar la culpa a las personas de referencia es, naturalmente, la solución más sencilla.

(1991 d [1974], GA XII, pág. 269)

Es verdad que los padres son responsables de mucho, pero no de todo.

(1991 d [1974], GA XII, pág. 271)

Las universalmente conocidas hostilidades contra los padres acostumbran a ser solo simulacros de combate.

(1991 d [1974], GA XII, pág. 284)

Solo se es libre cuando no hay que demostrar a los padres que han hecho algo mal o que han hecho algo bien. Entonces cabe decir: «Aquí estoy yo y ahí están mis padres, y si nos llevamos bien, pues fantástico».

(1991 d [1974], GA XII, pág. 284 y sig.)

No hay nada más efectivo para romper a un ser humano que convencerle de su vileza.

(1944 a, GA XII, pág. 126)

Solo cuando el ser humano deje de ser un lisiado dejará de ser un sádico.

(1964 a, GA II, pág. 176)

El poder, en el sentido de dominar a los otros, es la perversión de la potencia creadora.

(1941 a, GA I, pág. 312)

Creemos dominar y somos dominados, no por un tirano, sino por las cosas, por las circunstancias.

(1992 d [1961], GA XI, pág. 280)

El sueño de ser amos independientes de nuestras vidas acaba cuando nos damos cuenta de que somos engranajes de una máquina burocrática.

(1976 a, GA II, pág. 274)

La sociedad industrial desprecia la naturaleza, así como todo lo que no han elaborado las máquinas (y a todos los seres humanos que no producen máquinas).

(1976 a, GA II, pág. 278)

En el proceso social actual, hasta el ser humano se transforma en una parte de la maquinaria total, bien engrasado y puesto a punto, sí, pero inactivo, falto de vida y pobre de sentimientos.

(1968 a, GA IV, pág. 261)

Nuestra sociedad produce muchas cosas inútiles y, en la misma medida, también muchos seres humanos inútiles.

(1968 a, GA IV, pág. 289)

Un ordenamiento social en el que el conjunto de la sociedad está organizado como una máquina satisface materialmente al ser humano, pero este deja de decidir, deja de pensar, deja de sentir.

(1970 h, GA V, pág. 254 y sig.)

El motivo de toda la miseria que hoy sienten muchos seres humanos no es que estén enfermos, sino más bien que están separados de aquello que hace la vida interesante y bella y la vivifica.

(1991 d [1974], GA XII, pág. 347)

Para la sociedad, la economía es su destino.

(1931 b, GA I, pág. 32)

¿Tenemos que producir seres humanos enfermos para tener una economía sana?

(1970 e, GA IX, pág. 36)

CAPÍTULO
4

¿Quién soy, si soy lo que tengo?

(1976 a, GA II, pág. 348)

El ser humano moderno se constituye mediante las cosas que crea.

(1992 d [1961], GA XI, pág. 279)

Las cosas pueden producir todo lo posible, pero no pueden amar, ni a un ser humano ni la vida.

(1967 e, GA XI, pág. 347)

Cuando el ser humano se transforma en una cosa, enferma, lo sepa o no.

(1958 d, GA IX, pág. 323)

Hoy la pregunta no es en realidad si Dios ha muerto, sino si el ser humano ha muerto, si no ha quedado tan reducido a *homo consumens* pasivo, vacío, alienado, que ha perdido toda su vida interior.

(1970 j, GA V, pág. 327)

El ser humano ha muerto, ¡viva su producto!

(1992 d [1961], GA XI, pág. 280)

En el modo de existencia del tener no hay ninguna relación viva entre yo y lo que yo tengo. Lo que yo tengo y yo nos hemos convertido en cosas y si tengo algo es porque tengo la posibilidad de apropiármelo. Pero la relación también es a la inversa: lo que tengo me tiene a mí, ya que mi sentido de la identidad o mi salud mental depende de tenerlo, eso y tantas cosas como sea posible.

(1976 a, GA II, pág. 326)

El tener orientado a la posesión se basa en una merma de la capacidad de ser activo productivamente.

(1989 a [1974-1975], GA XII, pág. 475)

En el modo de existencia del tener el ser humano está ligado a lo que ha acumulado en el pasado: dinero, tierra, renombre, estatus social, saber, hijos, recuerdos.

(1976 a, GA II, pág. 360)

Para quien se orienta al tener, el futuro es la anticipación de lo que será el pasado.

(1976 a, GA II, pág. 360)

La actitud consumista es una manera alienada de tener contacto con el mundo porque lo convierte en objeto de la avidez en vez de en algo por lo que el ser humano se interese y con lo que se relacione.

(1990 g [1969], GA XII, pág. 76)

El mundo solo está ahí para satisfacer nuestro apetito: es una manzana gigantesca, una botella gigantesca, una mama gigantesca, y nosotros somos niños de pecho que eternamente aguardamos algo, eternamente esperamos algo y eternamente nos decepcionamos.

(1956 a, GA IX, pág. 491)

Hoy los seres humanos creen que no puede gozarse de nada que no haya que comprar.

(1970 j, GA V, pág. 322)

Me atemoriza el gran peligro de que en nuestra sociedad los mayores puedan convertirse en superconsumidores.

(1966 g, GA IX, pág. 427)

El productor crea los deseos del consumidor. El comprador solo tiene el dudoso privilegio de escoger entre productos distintos que compiten entre sí.

(1976 a, GA II, pág. 397)

Hay algo enfermizo en el apremio a consumir cada vez más.

(1966 g, GA IX, pág. 427)

Solo está ávido el ser humano insatisfecho.

(1991 d [1974], GA XII, pág. 361)

La avidez es siempre el resultado de un vacío interior.

(1991 d [1974], GA XII, pág. 362)

El ávido siempre quiere tener algo exclusivamente para sí mismo, y eso con lo que satisface su avidez para él es siempre solo un medio para el verdadero fin.

(1968 a, GA IV, pág. 317)

La avidez es un saco roto, y la idea de librarse de ella satisfaciéndola es un espejismo.

(1947 a, GA II, pág. 118)

La cuestión decisiva es si la propiedad fomenta la actividad y la vitalidad de un ser humano o si lo paraliza y lo conduce a la desidia, la pereza y la improductividad.

(1989 a [1974-1975], GA XII, pág. 472)

Cuanto más se orienta un ser humano al tener, menos atraído se siente por acometer verdaderos esfuerzos.

(1989 a [1974-1975], GA XII, pág. 476)

Los seres humanos de la actualidad lo tienen todo, pero adolecen de sí mismos.

(1991 d [1974], GA XII, pág. 277)

Puede que la ascesis, centrada constantemente en la renuncia y la abstención, no sea más que el reverso de un fuerte anhelo de posesión y consumo.

(1976 a, GA II, pág. 330)

Tener se refiere a cosas, y las cosas son concretas y descriptibles. Ser se refiere a vivencias, y estas no son en principio descriptibles.

(1976 a, GA II, pág. 332)

En el modo de existencia del tener impera la palabra muerta; en el del ser, la experiencia viva, para la que no hay expresión alguna.

(1976 a, GA II, pág. 333)

Si digo: «Tengo un problema», en lugar de: «Estoy preocupado», estoy excluyendo la experiencia subjetiva. El yo que hace la experiencia es sustituido por el eso que se posee.

(1976 a, GA II, pág. 289)

El ser humano presenta estas dos tendencias: una a tener, a poseer, una propensión que agradece su fuerza al deseo biológicamente dado de sobrevivir; otra a ser, una disposición a compartir, a dar y a sacrificarse que agradece su fuerza a las condiciones específicas de la existencia humana, especialmente a la necesidad innata de vencer el propio aislamiento siendo uno con los otros.

(1976 a, GA II, pág. 345)

Si pierdo lo que tengo, ¿quién soy, si soy lo que tengo? Nada más que un ser humano vencido, roto, digno de lástima, testimonio de un modo de vida equivocado.

(1976 a, GA II, pág. 348)

La identidad del ego se basa en la noción del tener. La identidad del «yo» o del «sí mismo», por el contrario, remite a la categoría del ser.

(1968 a, GA IV, pág. 323)

CAPÍTULO
5

Ser es ser activo productivo

(1980 e)

El sistema ser humano no funciona correctamente si solo se satisfacen sus necesidades materiales y no aquellas necesidades y aptitudes que le son propias, específicamente humanas, como el amor, la ternura, la razón y la alegría.

(1968 a, GA IV, pág. 359)

Nosotros, los seres humanos, tenemos el anhelo innato, profundamente arraigado, de ser: de dar expresión a nuestras aptitudes, de ser activos, de relacionarnos con los demás, de huir de la cárcel del egoísmo.

(1976 a, GA II, pág. 341)

Por ser activo productivo entiendo no las acciones debidas a impulsos o a la necesidad forzosa de actuar de un modo determinado, sino la expresión libre y activa de las propias aptitudes.

(1989 a [1974-1975], GA XII, pág. 476)

La capacidad de actuar genera a su vez la necesidad de aprovechar esta capacidad, y las disfunciones y la infelicidad surgen cuando la capacidad no se aprovecha.

(1947 a, GA II, pág. 138)

El objeto más importante de la productividad es el ser humano mismo.

(1947 a, GA II, pág. 61)

La productividad es la capacidad del ser humano de valerse de sus facultades y hacer realidad las posibilidades que yacen en él.

(1947 a, GA II, pág. 57)

Yo y mi ser activo y el resultado de mi ser activo son uno: esta actividad no alienada es lo que califico de ser activo productivo.

(1976 a, GA II, pág. 335)

Ser activo productivo califica el estado de actividad *interior*, actividad que no tiene que ir necesariamente unida a la realización de una obra artística o científica o de algo «útil».

(1976 a, GA II, pág. 335)

Actividad, en sentido moderno, no distingue entre el ser activo y el mero ajetreo.

(1976 a, GA II, pág. 334)

Actividad alienada, en el sentido de mero ajetreo, es en realidad «pasividad», esto es, improductividad.

(1976 a, GA II, pág. 335)

El ser humano productivo es aquel que es activo desde dentro, que se relaciona activamente con el mundo, aquel para el que estar relacionado y vinculado con el mundo es una necesidad interior.

(1970 j, GA V, pág. 325)

Mientras que, en el tener, lo que se tiene merma con el uso, el ser aumenta con la praxis.

(1976 a, GA II, pág. 348 y sig.)

Si soy lo que soy y no lo que tengo, nadie puede robarme o amenazar mi seguridad o mi sentido de la identidad.

(1976 a, GA II, pág. 348)

La facultad de la razón, del amor, de la creación artística e intelectual, todas las facultades esenciales crecen al ejercitarlas.

(1976 a, GA II, pág. 349)

No es rico quien mucho tiene, sino quien mucho da.

(1956 a, GA IX, pág. 454)

Para el carácter productivo, dar es la expresión más alta de su capacidad.

(1956 a, GA IX, pág. 453)

Los seres humanos cuya orientación esencial es no-creadora, sienten que dar es un empobrecimiento.

(1956 a, GA IX, pág. 453)

Lo que se da no se pierde; al contrario, se pierde lo que se tiene aferrado.

(1976 a, GA II, pág. 349)

Todo intento de ampliar el ámbito del ser significa una mayor comprensión de la realidad del propio sí mismo, de los demás y de nuestro entorno.

(1976 a, GA II, pág. 341)

La meta suprema del modo de existencia del ser es un saber más profundo; la del modo de existencia del tener, en cambio, más saber.

(1976 a, GA II, pág. 302)

El ser no está necesariamente fuera del tiempo, pero el tiempo no es la dimensión que domina al ser.

(1976 a, GA II, pág. 361)

En el modo de existencia del tener, el tiempo es nuestro soberano. En el modo de existencia del ser, el tiempo es destronado, ya no es el tirano que domina nuestra vida.

(1976 a, GA II, pág. 362)

En el modo de existencia del ser respetamos el tiempo, pero no nos sometemos a él.

(1976 a, GA II, pág. 362)

CAPÍTULO
6

Marketing: evangelio de la venta

(1947 a, GA II, pág. 55)

Desde el punto de vista del valor de mercado, solo tiene existencia lo vendible.

(1984 a)

En todas las relaciones personales y sociales rigen las leyes del mercado.

(1941 a, GA I, pág. 287)

El ser humano ya no se preocupa por su vida y su felicidad, sino por su vendibilidad.

(1976 a, GA II, pág. 374)

Quien se orienta al marketing no se vive como un ser humano con su amor, su miedo y sus convicciones y dudas, sino como una abstracción alienada de la naturaleza real que cumple una determinada función en el sistema social.

(1955 a, GA IV, pág. 102)

El ser humano no solo vende mercancías, también se vende a sí mismo y se siente como una mercancía.

(1941 a, GA I, pág. 287)

Si las cualidades que un ser humano ofrece no son necesarias, entonces no las tiene, de la misma manera que una mercancía que no se puede vender no tiene valor por mucho que tenga su valor de uso.

(1941 a, GA I, pág. 288)

El ser humano de hoy se ha transformado en una mercancía y concibe su vida como un capital que hay que invertir para que reporte beneficios. Si lo consigue, es un «triunfador» y su vida tiene sentido; si no, es un «fracasado».

(1955 c, GA V, pág. 268)

Si vivo mi «ego», me vivo como una cosa, como el cuerpo que tengo, como los recuerdos que tengo, como el dinero, la casa, la posición social, el poder, los hijos, los problemas que tengo.

(1968 a, GA IV, pág. 323)

Quien se vive a sí mismo como un ego, solo percibe su envoltorio.

(1992 g [1959], GA XII, pág. 215)

Cuanto más se vive alguien solo como envoltorio, más se dificulta a sí mismo ser y vivirse como el sujeto de sus propias facultades.

(1992 g [1959], GA XII, pág. 215)

El «valor» de los seres humanos actuales yace en su vendibilidad, no en las aptitudes humanas del amor, la razón o
la creatividad artística.

(1955 c, GA V, pág. 268)

Puesto que el carácter marketing no tiene ningún vínculo profundo ni consigo mismo ni con los demás, nada le
afecta realmente; no porque sea egoísta, sino porque su relación con los demás y consigo mismo es muy leve.

(1976 a, GA II, pág. 375)

La meta del carácter marketing (funcionar óptimamen-
te en cualquier circunstancia) le hace reaccionar ante el
mundo de acuerdo principalmente con el intelecto.

(1976 a, GA II, pág. 375)

La escisión entre pensar y sentir conduce a una ligera
esquizofrenia crónica.

(1968 a, GA IV, pág. 290)

Nuestro tiempo quiere medir todos los procesos y acon-
tecimientos según la cuestión de la relación coste-resultado
(o resultado social).

(1992 h [1975], GA XII, pág. 376)

Si solo nos interesan las cifras de *inputs* y *outputs*, un sistema puede parecer muy eficiente. Pero si también considera-
mos los efectos de los métodos aplicados sobre los seres humanos implicados, puede que descubramos que estos están
aburridos, asustados, agobiados, tensos o cosas por el estilo.

(1968 a, GA IV, pág. 286)

En la sociedad industrial, el afán de lucro no es en primer lugar expresión de avidez, sino patrón de medida del comportamiento económico correcto.

(1983 d [1979], GA XI, pág. 606)

Los seres humanos de estructura caracterológica marketing no tienen más meta que la de estar en constante movimiento y hacerlo todo con la máxima eficiencia posible.

(1976 a, GA II, pág. 375)

El principio de la eficiencia máxima tiene como consecuencia el principio de la individualidad mínima.

(1992 o [1968], GA XI, pág. 585)

La personalidad marketing tiene que ser libre, libre de toda individualidad.

(1947 a, GA II, pág. 53)

Cuanto más desaparece realmente la individualidad, más se ensalza con palabras.

(1989 a [1974-1975], GA XII, pág. 455)

Aunque los seres humanos ya no son individuos, *tienen* mucha «individualidad».

(1989 a [1974-1975], GA XII, pág. 455)

Somos un rebaño: creemos que el camino que seguimos tiene que conducir a una meta porque vemos que todos los demás van por el mismo camino.

(1947 a, GA II, pág. 156)

¡Nunca más de dos pasos lejos del rebaño!

(1955 c, GA V, pág. 268)

Vamos a tientas en la oscuridad, y solo conservamos el ánimo porque oímos que todos los demás también silban.

(1947 a, GA II, pág. 156)

Al parecer, vamos hacia ninguna parte.

(1968 f [1967], GA XI, pág. 393)

En realidad, nadie es íntimo amigo del carácter marketing, ni siquiera él mismo.

(1976 a, GA II, pág. 375)

Hoy el ser humano no solo no es el guardián de su hermano, ni siquiera es ya su propio guardián.

(1992 d [1961], GA XI, pág. 282)

Es evidente que los seres humanos tienen que mostrarse indiferencia recíproca si compiten entre sí.

(1941 a, GA I, pág. 287)

Hoy la igualdad significa «ser-lo-mismo» y no «ser-uno».

(1956 a, GA IX, pág. 449)

Para el ser humano de orientación marketing, dar sin recibir nada es sinónimo de estafa.

(1956 a, GA IX, pág. 453)

Antes que compasión, preferimos donar dinero, ganado a menudo sin compasión y brutalmente.

(1968 a, GA IV, pág. 320)

De la misma manera que se ha sustituido el amor al prójimo por una lealtad impersonal, se ha convertido a Dios en un inalcanzable director general de Universum S. L. Se sabe que Él está ahí, que Él mantiene a flote el negocio (cuando este presumiblemente también podría marchar sin Él); nunca se le llega a ver pero se le reconoce como jefe mientras se hace su trabajo.

(1955 a, GA IV, pág. 126)

Donde no existe auténtico sí mismo tampoco puede haber identidad

(1976 a, GA II, pág. 375)

La mutabilidad de las actitudes es lo único estable de la orientación marketing.

(1947 a, GA II, pág. 53)

Si se mide el propio valor por los altibajos del mercado, se pierde todo sentido de la dignidad y del orgullo.

(1947 a, GA II, pág. 50)

Hoy, los seres humanos se viven mayoritariamente a sí mismos de un modo alienado: se contemplan como si vieran a alguien «allí, al otro lado».

(1992 g [1959], GA XII, pág. 214)

Cuando pensamos «yo», en realidad nos vivimos como si se tratara de otra persona.

(1992 g [1959], GA XII, pág. 214)

Hoy, el ser humano solo es real si está de algún modo fuera.

(1992 d [1961], GA XI, pág. 280)

El ser humano moderno parece movido por el interés por sí mismo, pero, en realidad, su sí mismo entero, con todas sus posibilidades concretas, se ha convertido en una herramienta que sirve precisamente a los fines del aparato que él mismo ha creado.

(1941 a, GA I, pág. 287)

La autoestima del ser humano actual depende de factores externos: del éxito que tenga, del juicio de los demás.

(1955 c, GA V, pág. 268)

Quien vive en un sistema de economía de mercado se siente a sí mismo como una mercancía. Su interés por sí mismo es el interés que manifiesta por sí mismo como cosa.

(1947 a, GA II, pág. 88 y sig.)

El «sentimiento de sí» es hoy solo una referencia a lo que los demás piensan sobre uno.

(1941 a, GA I, pág. 288)

Tan pronto me vivo como el doctor (o lo que sea) simpático e inteligente, yo mismo no vivo nada en absoluto, sino que transfiero mi vivencia a esta imagen de mí.

(1992 g [1959], GA XII, pág. 215)

Los seres humanos orientados al marketing tienen su gran yo, siempre cambiante, pero ninguno de ellos tiene un sí mismo, un núcleo, una vivencia de identidad.

(1976 a, GA II, pág. 375)

El sentimiento de sí de los orientados al marketing no se basa en su actividad como seres humanos particulares que aman y piensan, sino en su papel socioeconómico.

(1955 a, GA IV, pág. 102)

Hoy hasta los sentimientos se prescriben: hay que ser alegre, tolerante, fiable y ambicioso y entenderse con todos sin roces.

(1956 a, GA IX, pág. 450)

El egoísmo moderno es la avidez, que se basa en la frustración del verdadero sí mismo y tiene por objeto el sí mismo social.

(1941 a, GA I, pág. 286)

Hoy al ser humano se le enseña a encontrar su identidad no en sí mismo, sino en la organización empresarial.

(1968 a, GA IV, pág. 285)

La «crisis de identidad» de la sociedad moderna se debe al hecho de que sus miembros se han convertido en herramientas sin sí mismo cuya identidad depende de su pertenencia a grandes consorcios (u otras burocracias infladas).

(1976 a, GA II, pág. 375)

El sistema actual necesita seres humanos que se sientan «felices», que no conozcan la duda, que no tengan conflictos y que se dejen dirigir sin aplicación de la violencia.

(1955 a, GA IV, pág. 119)

La psicología se ha convertido en un instrumento importante para manipular a los otros seres humanos y a la propia persona.

(1989 a [1974-1975], GA XII, pág. 455)

Hoy se solicita seres humanos a los que dirigir sin violencia, guiar sin guía, estimular sin metas; con una salvedad: no estar nunca inactivo y funcionar y seguir esforzándose siempre.

(1955 c, GA V, pág. 268)

Los deseos de los seres humanos apenas surgen ya de ellos mismos; más bien se despiertan y gobiernan desde fuera.

(1983 b [1971], GA XI, pág. 322)

El dominio del pensamiento manipulativo, puramente acorde con el intelecto, evoluciona paralelamente hacia una atrofia de la vida emotiva.

(1976 a, GA II, pág. 376)

El ser humano moderno, alienado, posee sin duda opiniones y prejuicios, pero no convicciones; tiene ciertas preferencias y aversiones, pero no voluntad propia.

(1955 a, GA IV, pág. 236)

Al igual que cualquier otra clase de sugestión hipnótica, la publicidad intenta impresionar emocionalmente a sus objetos para impulsarlos a desenchufar el intelecto.

(1941 a, GA I, pág. 292)

El bombardeo con métodos puramente sugestivos que vemos en la publicidad, sobre todo en los anuncios de la televisión, atonta al pueblo.

(1976 a, GA II, pág. 404)

No se puede querer seres humanos libres e independientes y, al mismo tiempo, con la ayuda de la publicidad y el pensamiento que se les inculca, tomarlos por tontos.

(1991 d [1974], GA XII, pág. 308)

Nuestro problema hoy es el fascismo de cara sonriente que manipula a toda la humanidad: su pensamiento, su consumo, su comportamiento, de manera que el individuo pierde más y más su identidad.

(1977 b)

Que hoy los seres humanos ya no tengan carácter significa que desde el punto de vista emocional e intelectual viven al día.

(1992 j [1972], GA XI, pág. 302)

Con la pérdida del sentimiento-de-sí se pierde la vivencia de la identidad, y cuando eso le sucede a un ser humano puede volverse loco, a menos que consiga obtener un sentimiento-de-sí secundario.

(1955 a, GA IV, pág. 103)

La carencia de sí mismo genera un miedo profundo.

(1955 a, GA IV, pág. 144)

Si con razón se ha definido la época actual como la era del miedo, es principalmente a causa del miedo que nace de la falta de sí mismo.

(1955 a, GA IV, pág. 144)

La supresión del veneno de la sugestión de masas desencadenará en los consumidores un síndrome de abstinencia difícil de diferenciar de los síntomas de desintoxicación de las drogas.

(1976 a, GA II, pág. 404)

El ser humano actual es como una moneda que ha perdido su cuño con la circulación. El afectado no tiene sí mismo ni identidad, pero teme confesárselo.

(1968 a, GA IV, pág. 329)

Se intenta rehuir la cuestión de quién se es verdaderamente. Uno arranca el coche y se va.

(1984 a)

Donde no existe auténtico sí mismo tampoco puede haber identidad.

(1976 a, GA II, pág. 375)

La crisis de identidad de nuestro tiempo se basa esencialmente en la alienación y cosificación crecientes del ser humano, y solo puede superarse si el ser humano vuelve a estar vivo y activo.

(1968 a, GA IV, pág. 323)

Yo soy «yo» solo en la medida en que esté vivo, interesado, activo y en relación con otros.

(1968 a, GA IV, pág. 323)

La identidad es una experiencia que autoriza al ser humano a decir legítimamente «yo», donde por «yo» hay que entender un centro estructural organizador y activo de todas mis acciones actuales y potenciales.

(1968 a, GA IV, pág. 322)

El surgimiento del sí mismo individual no es reversible.

(1941 a, GA I, pág. 309)

Vivir el «yo» o el «sí mismo» solo es posible dando cumplimiento al ser, relacionándose, haciendo uso de las facultades humanas.

(1992 g [1959], GA XII, pág. 215)

Mi sentimiento-de-mí proviene de la experiencia de mí mismo como sujeto de mis experiencias, mis pensamientos, mis decisiones, mi juicio y mi acción.

(1955 a, GA IV, pág. 103)

Para conseguir un auténtico sentimiento de su sí mismo, el ser humano tiene que desprenderse de su persona.

(1959 c, GA IX, pág. 404)

Solo si me pierdo a mí mismo puedo ganarme.

(1992 s [1974], GA XII, pág. 495)

CAPÍTULO
8

En realidad, egoísmo y amor a sí mismo son opuestos

(1947 a, GA II, pág. 85)

El egoísmo se debe al hecho de que el implicado no asiente ni ama a su verdadero sí mismo, esto es, a un ser humano concreto con todas sus posibilidades.

(1941 a, GA I, pág. 286)

El egoísmo consiste en no poderse sufrir a sí mismo.

(1941 a, GA I, pág. 285)

El ser humano egocéntrico, narcisista, en realidad no se ama; por eso está ávido.

(1991 d [1974], GA XII, pág. 361)

Quizás el egoísta no se ama demasiado a sí mismo, sino demasiado poco; de hecho, se odia.

(1947 a, GA II, pág. 85)

Habitualmente, el odio a sí mismo se racionaliza intelectualmente como sacrificio, altruismo o ascesis; también como autoacusación o sentimiento de inferioridad.

(1947 a, GA II, pág. 136)

El egoísta solo está interesado en sí mismo, lo quiere todo para sí y solo siente alegría al tomar, no al dar.

(1947 a, GA II, pág. 85)

El narcisista es un ser humano extremadamente inseguro, pues ni sus sentimientos ni ninguna otra cosa tienen su fundamento en la realidad.

(1991 d [1974], GA XII, pág. 358)

Con narcisismo me refiero al hecho de que el ser humano deja de mostrar un interés vivo por el mundo exterior y desarrolla un fuerte vínculo consigo mismo, su propio grupo, el propio clan, la propia religión, nación, raza, etcétera.

(1992 q [1965], GA XI, pág. 594)

El narcisista puede percibir intelectualmente el mundo exterior como un mundo autónomo, pero no emocionalmente.

(1991 f [1962], GA XII, pág. 151)

Un narcisista se siente seguro solo porque no se preocupa de cómo se comportan las cosas en realidad.

(1991 d [1974], GA XII, pág. 360)

Un ser humano realmente narcisista entra en un sitio y dice: «Buenos días», y siente: «¡Qué maravilla!». Que en ese momento esté allí y diga «Buenos días» es para él simplemente algo hermoso.

(1991 f [1962], GA XII, pág. 152)

Al auténtico narcisista le importa un bledo lo que piensen de él, pues no duda en absoluto de que lo que él piensa de él es real y de que cada palabra que sale de su boca es simplemente maravillosa.

(1991 f [1962], GA XII, pág. 152)

El narcisista encarna lo que al ser humano medio le gustaría ser: está seguro de sí mismo, no conoce la duda y se siente a la altura de cualquier situación.

(1979 a, GA VIII, pág. 298)

El narcisismo se cubre con muchas máscaras: santidad, sentido del deber, amabilidad, amor, modestia y orgullo.

(1979 a, GA VIII, pág. 299)

Los seres humanos narcisistas invierten mucha energía y mucho tiempo en ayudar a los demás, incluso se sacrifican por ellos, son amables con ellos, etcétera. Y todo con el objetivo (la mayoría de las veces inconsciente) de negar su narcisismo.

(1979 a, GA VIII, pág. 299)

El autosacrificio narcisista convierte al ser humano en enemigo de la vida.

(1964 a, GA II, pág. 267)

En general la necesidad de satisfacción narcisista surge cuando hay que compensar la pobreza material y cultural.

(1992 q [1965], GA XI, pág. 594)

El egoísmo es por su esencia una forma de avidez. El egoísta quisiera tenerlo todo para sí mismo, no compartir con los demás; ve en ellos más una amenaza que potenciales amigos.

(1979 a, GA VIII, pág. 299)

El egoísta, igual que el narcisista, es un ser humano que no ama. Pero, a diferencia del narcisista, el egoísta tiene una buena percepción del mundo fuera de él.

(1991 f [1962], GA XII, pág. 151)

Para el ser humano narcisista, su pareja solo existe como sombra del inflado «yo» narcisista.

(1964 a, GA II, pág. 219)

El narcisismo está en la base de todas las enfermedades psíquicas graves.

(1955 a, GA IV, pág. 29)

Para el ser humano narcisista solo hay una realidad: la de sus propios procesos de pensamiento, sentimientos y necesidades.

(1955 a, GA IV, pág. 29)

Muchos narcisistas empedernidos hablan sin cesar, a menudo también comiendo, por lo que se olvidan hasta de comer y obligan a todos los demás a esperarles. Para ellos, la sociabilidad y las comidas son menos importantes que su «yo».

(1964 a, GA II, pág. 205)

La capacidad de amar depende de si conseguimos superar nuestro narcisismo y el vínculo incestuoso con la madre y el clan.

(1956 a, GA IX, pág. 511)

El amor es fundamentalmente indivisible. No puede separarse el amor a otros «objetos» de amor del amor al propio sí mismo.

(1956 a, GA IX, pág. 475)

Un ser humano capaz de amar productivamente también se ama a sí mismo. Si solo puede amar a los demás, no puede amar en absoluto.

(1947 a, GA II, pág. 85)

Solo somos capaces de conocer a los demás, de entenderlos y amarlos cuando también somos capaces de entendernos, amarnos y conocernos a nosotros mismos.

(1968 g, GA IX, pág. 389)

Quien está decidido a resolver un problema con amor necesita creer en su propia fortaleza en lugar de creer en la perversión de la misma: la violencia.

(1967 e, GA XI, pág. 343 y sig.)

Productividad significa que el ser humano se vive a sí mismo como encarnación de sus facultades y como capaz de actuar, que se siente uno con sus facultades y que estas no se le ocultan ni le son ajenas.

(1947 a, GA II, pág. 57)

CAPÍTULO
9

El amor es una fuerza activa en el ser humano

(1956 a, GA IX, pág. 452)

El amor es una fuerza propia del ser humano, mediante la cual se pone en relación con el mundo y hace de este su mundo.

(1947 a, GA II, pág. 14)

El amor es una aspiración activa que radica en la propia capacidad de amar y cuida de que la persona amada se desarrolle y sea feliz.

(1947 a, GA II, pág. 84)

El amor auténtico es expresión de la productividad interior e implica auxilio, atención, sentido de la responsabilidad y «conocimiento».

(1956 a, GA IX, pág. 475)

La mayoría de los seres humanos ve el problema del amor sobre todo como el problema de cómo ser amado, en vez de cómo amar y poder amar.

(1956 a, GA IX, pág. 440)

La propia capacidad de amar genera amor, de la misma manera que se es interesante mostrando interés.

(1947 a, GA II, pág. 67)

El amor es ser activo, no una pasión que se apodere del ser humano ni un afecto que lo arrastre.

(1947 a, GA II, pág. 65)

El amor no es ningún poder superior que descienda hasta el ser humano desde las alturas.

(1947 a, GA II, pág. 14)

El amor es algo que se desarrolla en uno mismo, no algo en lo que se caiga.

(1956 a, GA IX, pág. 453)

El ser humano tiene el don de poder hablar y pensar. Si estas aptitudes se bloquearan, el afectado resultaría muy perjudicado. El ser humano tiene el don de amar y si no hace uso de este don, si es incapaz de amar, sufre por esta desgracia, aunque intente ignorar su sufrimiento con toda clase de racionalizaciones.

(1947 a, GA II, pág. 138 y sig.)

Cualquier saber acerca de otro solo es auténtico saber acerca de él si se basa en que yo viva en mí mismo lo que él vive.

(1968 a, GA IV, pág. 319)

Amor es conocimiento; pero precisamente porque es conocimiento, también es respeto por los demás.

(1968 g, GA IX, pág. 389)

Solo puedo amar si mi amor es adecuado y corresponde a las necesidades y la naturaleza de la persona amada.

(1967 e, GA XI, pág. 341)

Para mí, hay que tener sentido de la responsabilidad ante cualquier ser humano al que realmente se entienda o se intente entender.

(1992 g [1959], GA XII, pág. 208)

El amor auténtico tiene sus raíces en la productividad.

(1947 a, GA II, pág. 65)

Yo creo que nadie puede «salvar» a su congénere tomando la decisión por él.

(1962 a, GA IX, pág. 152)

Lo que un ser humano puede hacer por otro se limita a presentarle veraz y amorosamente alternativas, sin sentimentalismos ni ilusiones.

(1962 a, GA IX, pág. 152)

El auxilio y el sentido de la responsabilidad son ciegos si no los guía el conocimiento de la individualidad del otro.

(1947 a, GA II, pág. 67)

Mientras no sepa qué necesitan una planta, un animal, un niño, un hombre, una mujer, y mientras no me desprenda de lo que me figuro que es mejor para el otro y de mi deseo de controlarlo, mi amor es destructivo, un beso de la muerte.

(1967 e, GA XI, pág. 341)

Hay muchas cosas que pueden forzarse, pero el amor no.

(1977 b)

El amor se basa en la igualdad de derechos y en la libertad.

(1941 a, GA I, pág. 311)

El amor sabe distinguir lo que es bueno para el otro y lo que es bueno para mí.

(1977 b)

El amor no es sobre todo un vínculo con una determinada persona. Es una actitud, una orientación de carácter que determina la relacionabilidad de un ser humano con el mundo en general y no solamente con un único «objeto» de amor.

(1956 a, GA IX, pág. 467)

Estar realmente relacionado con otro ser humano no depende, en primer lugar, del de enfrente, sino que es una capacidad, una orientación, algo que está en mí y no en el de enfrente.

(1992 g [1959], GA XII, pág. 226)

El amor intenta entender, convencer, vivificar. Por este motivo, el que ama se transforma constantemente. Capta más, observa más, es más productivo, es más él mismo.

(1967 e, GA XI, pág. 343)

El amor hace que el ser humano supere el sentimiento de aislamiento y separación permitiéndole no obstante ser él mismo y preservar su integridad.

(1956 a, GA IX, pág. 452)

La conciencia del humano de estar separado sin la reunificación mediante el amor es la fuente de la vergüenza.

(1956 a, GA IX, pág. 445)

La paradoja de la existencia humana es que el ser humano tiene que buscar al mismo tiempo proximidad e independencia, ser uno con otros y preservar su irrepetibilidad y especificidad.

(1947 a, GA II, pág. 65)

Para poder vivir el amor hay que vivir el estar separados.

(1964 a, GA II, pág. 219)

En el amor se da la paradoja de que dos seres son uno y, no obstante, siguen siendo dos.

(1956 a, GA IX, pág. 452)

La unión con otro ser humano o con una cosa fuera de uno mismo es amor a condición de que se preserve la especificidad e integridad del propio sí mismo.

(1955 a, GA IV, pág. 26 y sig.)

También se puede «amar» sometiendo al otro o ejerciendo poder sobre él, pero entonces ambos pierden su integridad e independencia. En el amor auténtico se conservan la relacionabilidad y la integridad.

(1958 d, GA IX, pág. 320)

«Integridad» significa simplemente la disposición a no herir la identidad del otro de ninguna de las muchas maneras posibles.

(1968 a, GA IV, pág. 324)

En el acto del amor, en el acto de entrega de mí mismo, en el acto de penetrar en el otro me encuentro a mí mismo, me descubro a mí mismo, nos descubro a los dos, descubro al ser humano.

(1956 a, GA IX, pág. 458)

Los seres humanos se dedican a preguntarse si son «atrayentes» y olvidan que su poder de atracción depende de su propia capacidad de amar.

(1947 a, GA II, pág. 67)

En realidad no hay tal cosa como el «amor», que se pueda tener y poseer, sino solo el acto de amar.

(1976 a, GA II, pág. 304)

En el acto de unión te conozco, me conozco, conozco a todos los demás y no «sé» nada.

(1956 a, GA IX, pág. 458)

Cuando los seres humanos se «enamoran», aman la vida. Este amor a la vida es la base de su atracción mutua.

(1967 e, GA XI, pág. 345)

Es verdad que el amor erótico es exclusivo, pero ama en el otro a toda la humanidad, a todo lo vivo.

(1956 a, GA IX, pág. 472 y sig.)

Si al amor erótico le falta el amor al ser humano y solo se mueve por el deseo de unión, entonces o es apetito sexual sin amor o se trata de la perversión del amor, tal como la encontramos en las formas sádicas y masoquistas del «amor».

(1955 a, GA IV, pág. 28)

La sexualidad es una expresión de la vida y no de la muerte.

(1991 d [1974], GA XII, pág. 288)

El amor no es el resultado de una adecuada satisfacción sexual, sino que la felicidad sexual (incluso aprender la así llamada técnica sexual) es el resultado del amor.

(1956 a, GA IX, pág. 492)

Hay muchas motivaciones para la apetencia sexual cuyo origen es no sexual.

(1951 b, GA VIII, pág. 394)

El miedo a estar solo, el deseo de conquistar o hacerse conquistar, la vanidad, el deseo de herir o incluso destruir, pueden estimular el apetito sexual tanto como el amor.

(1956 a, GA IX, pág. 472)

La sexualidad es en sí un momento de la libertad, mientras la sociedad no convierta la sexualidad en tabú.

(1992h [1975], GA XII, pág. 381)

Ninguna relación sexual sería mejor que la relación humana misma entre los dos miembros de una pareja.

(1951 b, GA VIII, pág. 394)

Cualquier expresión de la sexualidad es mejor que la sexualidad reprimida.

(1991 d [1974], GA XII, pág. 288)

Es verdad que los tabúes generan obsesión por el sexo y perversiones, pero la obsesión por el sexo y las perversiones no liberan.

(1976 a, GA II, pág. 327)

A menudo la relación sexual es un atajo para el acercamiento, pero es sumamente ilusoria.

(1951 b, GA VIII, pág. 394)

La intimidad corporal aún tarda bastante en dar intimidad anímica.

(1983 b [1971], GA XI, pág. 335)

La atracción sexual genera una ilusión momentánea de unidad, pero, sin amor, esta «unión» deja a los extraños tan extraños entre sí como antes.

(1956 a, GA IX, pág. 472)

El apetito sexual aspira a la unión y no es en absoluto solo un anhelo corporal, solo la solución de una tensión torturadora.

(1956 a, GA IX, pág. 472)

El amor es señal de abundancia.

(1947 a, GA II, pág. 82)

CAPÍTULO
10

Las parejas que de verdad se aman parecen ser la excepción

(1976 a, GA II, pág. 304)

Apenas si hay empresa que empiece con tan grandes esperanzas y expectativas y se frustre con tanta regularidad como el amor.

(1956 a, GA IX, pág. 442)

Los seres humanos creen mayoritariamente que el amor surge en virtud de un objeto y no a causa de una capacidad.

(1956 a, GA IX, pág. 467)

Muchos seres humanos son de la opinión de que amar es muy sencillo y de que, en cambio, lo difícil es encontrar la pareja acertada a la que poder amar y por la que ser amado.

(1956 a, GA IX, pág. 440 y sig.)

Si uno no es capaz de cultivar un auténtico interés por los demás y por sí mismo, tampoco puede convivir con nadie sin aburrirse al cabo de algún tiempo.

(1951 b, GA VIII, pág. 394)

El amor no significa ni sentimentalismo ni debilidad. Es más bien un método, algo para influir sobre algo y transformarlo sin los peligrosos efectos secundarios de aplicar la violencia.

(1967 e, GA XI, pág. 343)

Hoy se considera intimidad incluso hacerle patente al otro el enojo, el odio y la inmoderación total.

(1956 a, GA IX, pág. 471)

Amor y violencia son contradicciones irreconciliables.

(1967 e, GA XI, pág. 341)

Tanto el hombre como la mujer solo encuentran la unidad en sí mismos en forma de unión de sus polaridades femenina y masculina.

(1956 a, GA IX, pág. 459)

Los hombres han conseguido en el transcurso de los siglos (o, mejor, de los milenios) difundir la opinión de que son el sexo más fuerte y duro.

(1951 b, GA VIII, pág. 389)

Cualquier enfermera confirmará que ante una inyección o una extracción de sangre se desmayan mucho más los hombres que las mujeres.

(1951 b, GA VIII, pág. 389)

Hay que liberar a las mujeres del dominio patriarcal.

(1976 a, GA II, pág. 406)

Es evidente que ninguna diferencia entre hombre y mujer basada en su diferente sexo es motivo para que en alguna sociedad se asignen papeles distintos a hombre y mujer.

(1943 b, GA VIII, pág. 375)

La guerra de sexos es tan antigua como la lucha de clases, pero ha adoptado unas formas más complicadas, ya que los hombres han utilizado siempre a las mujeres no solo como bestias de carga, sino también como madres, amantes y dispensadoras de consuelo.

(1976 a, GA II, pág. 406)

No se entiende correctamente la vida amorosa de un hombre si no se ve que este oscila entre el deseo de redescubrir a su madre en otra mujer y el deseo de librarse de la madre y encontrar una mujer que sea lo más distinta posible de la figura materna.

(1979 a, GA VIII, pág. 283)

El arma más afilada de las mujeres era hacer quedar en ridículo a los hombres.

(1976 a, GA II, pág. 406)

La técnica es el sustituto masculino del regazo femenino.

(1983 d [1979], GA XI, pág. 606)

Cualquiera que se fije bien puede decir de los hombres que son vanidosos.

(1951 b, GA VIII, pág. 389)

El amor es hijo de la libertad y nunca del dominio.

(1956 a, GA IX, pág. 457)

El sádico depende tanto del que se le somete como el sumiso del sádico.

(1956 a, GA IX, pág. 452)

Al parecer no hay mayores pruebas de «amor» que el sacrificio y la disposición a darse por la persona amada. Pero, de hecho, en tales casos el «amor» es esencialmente un anhelo masoquista que radica en la necesidad de establecer con la persona implicada un vínculo simbiótico.

(1941 a, GA I, pág. 311)

Al contrario de lo que ocurre en la unión simbiótica, el amor maduro es una unión en que la integridad e individualidad propias se preservan.

(1956 a, GA IX, pág. 452)

Los seres humanos que anhelan apasionadamente amar pero no tienen la capacidad de hacerlo (o la han perdido) buscan a menudo una solución en el autosacrificio. Sienten que el sacrificio de su propia vida es la expresión máxima de su capacidad de amar.

(1976 a, GA II, pág. 344)

Simbiosis significa la unión de un sí mismo individual con otro sí mismo.

(1941 a, GA I, pág. 310)

El matrimonio que se inicia con amor se transforma a veces en una amistosa comunidad de propietarios, en una corporación en la que se unen dos egoísmos: la «familia».

(1976 a, GA II, pág. 305)

La mayor parte de los defectos típicos en las relaciones entre hombres y mujeres no son atribuibles a los rasgos del carácter masculino o femenino, sino al hecho de ser relaciones entre seres humanos.

(1951 b, GA VIII, pág. 387)

La decisión de separarse de la mujer (o del marido) es de las más dolorosas. No obstante, puede ser necesaria para acabar con los conflictos interminables y las serias trabas al desarrollo propio.

(1989 a [1974-1975], GA XII, pág. 435)

Nuestra presunta fe en el amor nos impide hasta cierto punto sentir el dolor de los sentimientos de culpa inconscientes que nos provoca estar sin amor.

(1976 a, GA II, pág. 371)

CAPÍTULO
11

Quien siente ternura
no exige nada del otro

(1968 a, GA IV, pág. 318)

La ternura es otra clase de apetencia e impulso. La ternura no se da automáticamente, no tiene meta, no tiene punto álgido y no acaba de repente.

(1951 b, GA VIII, pág. 395)

Entre todos los sentimientos que el ser humano ha desarrollado en el transcurso de su historia, probablemente en ninguno como la ternura se expresa tan puramente la simple condición humana.

(1968 a, GA IV, pág. 318 y sig.)

La ternura solo es un sacrificio para quien no es capaz de sentirla.

(1951 b, GA VIII, pág. 396)

La ternura encuentra su satisfacción en el acto mismo, en la alegría de estar lleno de amor y calidez, de tomarse al otro en serio, de respetarlo y hacerlo feliz.

(1951 b, GA VIII, pág. 395)

El altruismo es el amor a todos los seres humanos.

(1956 a, GA IX, pág. 468)

Con solo amar y «desear lo mejor» a otro ser vivo no basta.

(1976 e, GA XI, pág. 341)

El amor, por lo que se refiere a la relación entre los otros «objetos» y el propio yo, es en principio indivisible.

(1947 a, GA II, pág. 84)

Mientras un semejante sea un extraño para mí, yo también seré extraño a mí mismo.

(1962 a, GA IX, pág. 149)

Quien solo puede amar a otros no puede amar en absoluto.

(1956 a, GA IX, pág. 475)

La opacidad del otro se hará transparente, dentro de lo humanamente posible, cuando seamos transparentes a nosotros mismos.

(1968 g, GA IX, pág. 389)

Lo que haces a los otros te lo haces también a ti mismo.

(1947 a, GA II, pág. 142)

Quien siempre cree amar a otro ser humano pero no ama la vida puede que dependa ansiosamente de otro ser humano, pero lo que es amarlo, no lo ama.

(1967 e, GA XI, pág. 345)

El amor de alguien que ama a una única persona y siente indiferencia por el resto de sus semejantes no es amor, sino un vínculo simbiótico o bien un egoísmo extensivo.

(1956 a, GA IX, pág. 467)

Quien solo ama a un ser humano no ama a ninguno.

(1983 d [1979], GA XI, pág. 607)

El amor exclusivo a una determinada persona es en sí mismo una contradicción.

(1941 a, GA I, pág. 285)

El amor materno es indulgencia y misericordia. El amor paterno es justicia.

(1976 a, GA II, pág. 372 y sig.)

La mayoría de los seres humanos es capaz de dar «leche», pero solo una minoría puede regalar también «miel». Para poder regalar miel, la madre tiene que ser no solo una «buena madre»: también tiene que ser un ser humano feliz (una meta que pocos alcanzan).

(1956 a, GA IX, pág. 469)

El amor erótico comienza con el estar separado y acaba en el ser uno. El amor materno comienza con el ser uno y lleva al estar separado.

(1955 a, GA IV, pág. 28)

Que la necesidad de unión se realizara en el amor materno significaría la destrucción del niño como ser independiente, ya que el niño tiene que liberarse de su madre y no permanecer atado a ella.

(1955 a, GA IV, pág. 28)

El amor es sobre todo un dar y no un recibir.

(1956 a, GA IX, pág. 453)

Si alguien da verdaderamente, recibirá, de suyo, algo de vuelta.

(1956 a, GA IX, pág. 454)

Lo que cuenta es lo que los seres humanos tienen en común, no lo que los diferencia.

(1989 a [1974-1975], GA XII, pág. 454)

El amor es la experiencia del compartir, de la comunidad que permite el pleno despliegue del propio ser activo interior.

(1955 a, GA IV, pág. 27)

Nada une más a los seres humanos (sin coartar su individualidad) que admirar y amar conjuntamente a un ser humano, o estar vinculados por una idea, una pieza musical, una pintura o un ritual, o incluso compartir el sufrimiento.

(1976 a, GA II, pág. 352)

El sentimiento de solidaridad tiene uno de sus fundamentos más sólidos en la experiencia de compartir el propio sufrimiento con el sufrimiento de todos.

(1989 a [1974-1975], GA XII, pág. 413)

El sufrimiento es el único afecto que parece ser realmente común a todos los seres humanos, quizás incluso a todos los seres capaces de sentir.

(1983 d [1979], GA XI, pág. 607)

Donde no hay amor difícilmente puede haber compenetración.

(1983 d [1979], GA XI, pág. 607)

Compenetración y capacidad de empatía significan que vivo en mí lo que el otro vive, y de ahí que en esta experiencia él y yo seamos uno.

(1968 a, GA IV, pág. 319)

Quien se decide a resolver un problema con amor necesita el coraje de soportar el desengaño y ser paciente a pesar de los reveses.

(1967 e, GA XI, pág. 343 y sig.)

Respecto a esta praxis del amor (así como respecto a la capacidad de razonar) cabe decir que no tiene sentido si se lleva a cabo con poco entusiasmo.

(1992 q [1965], GA XI, pág. 594)

El amor infantil sigue el principio «Amo porque me aman». El amor maduro sigue el principio «Me aman porque amo». El amor inmaduro dice: «Te amo porque te necesito». El amor maduro dice: «Te necesito porque te amo».

(1956 a, GA IX, pág. 464)

CAPÍTULO
12

La vida misma es un arte

(1947 a, GA II, pág. 16)

Los seres humanos de hoy pueden resolver crucigramas, pero no pueden resolver el enigma que la vida representa para ellos.

(1991 d [1974], GA XII, pág. 277)

La vida solo tiene un sentido: la realización de la vida misma.

(1941 a, GA I, pág. 370)

Mientras alguien crea que su ideal y el fin de su existencia están fuera de él, sea en las nubes, en el pasado o en el futuro, vive fuera de sí mismo.

(1947 a, GA II, pág. 156)

El objeto del arte de vivir no es tal o cual quehacer, sino el «quehacer» de la vida misma, el proceso de desarrollar lo que el ser humano es potencialmente.

(1947 a, GA II, pág. 16)

El ser humano no es en ningún punto de su vida todavía lo que puede ser y lo que posiblemente será.

(1983 d [1979], GA XI, pág. 601)

Yo creo que el crecimiento del ser humano es un proceso de nacimiento constante, un despertar constantemente nuevo.

(1962 a, GA IX, pág. 154)

En cada nuevo paso, en cada nuevo estadio de nuestro nacimiento, sentimos miedo.

(1955 a, GA IV, pág. 23)

Cada acto de nacimiento exige el coraje de desprenderse de algo.

(1959 c, GA IX, pág. 406)

Ante la vida, salimos huyendo.

(1974 b, GA XI, pág. 628)

Los dolores del parto son distintos a los dolores de una enfermedad.

(1989 a [1974-1975], GA XII, pág. 450)

Nadie puede crecer sin esfuerzo y sin la disposición a vivir con el dolor y el miedo.

(1989 a [1974-1975], GA XII, pág. 438)

La mayoría fracasa en el arte de vivir porque no está despierta y no ve cuándo está en una encrucijada y tiene que decidir.

(1964 a, GA II, pág. 258)

Para que la vida resulte interesante, uno mismo tiene que estar interesado.

(1966 g, GA IX, pág. 430)

La voluntad se basa en la actividad interior; un impulso espontáneo, en cambio, en la pasividad.

(1989 a [1974-1975], GA XII, pág. 416)

Curiosamente, la mayoría de los seres humanos cree que para vivir una vida buena hay que practicar una vida no buena.

(1979 d)

Aprender el arte de vivir y morir reclama mucho esfuerzo, ejercicio, paciencia; como todo saber hacer, exige aprendizaje.

(1974 c, GA XI, pág. 377)

Sería preferible ir a pescar, navegar o bailar a aprender cosas que no tienen ningún efecto, directo o indirecto, sobre la propia vida.

(1991 d [1974], GA XII, pág. 284)

No basta con solo ser joven.

(1968 f [1967], GA XI, pág. 399)

Nada digno de ser tomado en serio puede llevarse a cabo sin un gran esfuerzo, paciencia y honradez.

(1992 s [1974], GA XII, pág. 503)

El ser humano solo puede elegir entre dos posibilidades: retroceder o avanzar.

(1964 a, GA II, pág. 243)

La fe en que los otros pueden transformarse nace de la experiencia de haber sido nosotros capaces de ello.

(1968 a, GA IV, pág. 271)

El principio del «mal menor» es el principio de la desesperación.

(1962 a, GA IX, pág. 156)

En mi opinión, nada de lo sucedido anteriormente tiene por necesidad fuerza determinante, pero marca una cierta dirección y, cuanto más vaya alguien en esta dirección, más tenderá a mantener precisamente esta dirección, de manera que, al final, solo por obra de un milagro podrá cambiarla.

(1991 d [1974], GA XII, pág. 269)

Solo puede moverse a los seres humanos a cambiar sus acciones si tienen esperanza. Y solo pueden tener esperanza si tienen visión; y solo pueden tener visión si les muestran alternativas.

(1990 i [1968], GA XI, pág. 402 y sig.)

En personas que sufren un malestar difuso, personas cuyo carácter debe cambiar, no creo que se consiga una mejora duradera si el cambio de carácter a que se aspira no va acompañado de un correspondiente cambio en su praxis de vida.

(1976 a, GA II, pág. 390)

Tenemos que decidirnos y resolvemos a valorar más el amor que el odio, a preferir la fortaleza espiritual al éxito en el mercado, a considerar más importante el ser que el tener.

(1968 f [1967], GA XI, pág. 392)

Quien cree que uno puede ver su interior y estar ciego al mundo exterior se parece a aquel que dice que una vela solo le alumbra en una dirección y no en todas.

(1989 a [1974-1975], GA XII, pág. 422)

Las barbas esconden más de lo que manifiestan y el descuido en el vestir aún no es indicio de esperanza.

(1990 i [1968], GA XI, pág. 399)

No creo que la verdad sea divisible ni que pueda conocerse en el ámbito personal si se está ciego a todas las demás cuestiones.

(1991 d [1974], GA XII, pág. 301)

La mentira no mueve nada.

(1992 g [1959], GA XII, pág. 204)

Probablemente no hay ningún fenómeno que contenga elementos tan destructivos como la «indignación moral», que permite a la envidia y los sentimientos de odio desfogarse bajo la máscara de la virtud.

(1947 a, GA II, pág. 148)

No tiene ningún sentido esperar algo que ya existe o que no puede ser.

(1968 a, GA IV, pág. 267)

La esperanza no es ni esperar pasivamente algo que quizá no llegue nunca ni querer forzar lo que de momento no puede ser.

(1970 h, GA V, pág. 257)

La esperanza se parece a un tigre al acecho que solo salta cuando llega el momento de saltar.

(1968 a, GA IV, pág. 267)

La destrucción de las ilusiones es la condición de todo cambio real.

(1980 d)

Desengañarse quiere decir no poder ya engañarse, haberse liberado de los engaños y haberlos dejado atrás.

(1979 b)

La mayoría de los seres humanos muere antes de haber nacido del todo.

(1959 c, GA IX, pág. 406)

Las directrices para morir son, de hecho, las mismas que las directrices para vivir.

(1976 a, GA II, pág. 360)

Hay una diferencia entre tener un fuerte deseo de vivir y un miedo espantoso a morir.

(1976 c, GA IX, pág. 396)

El miedo a la muerte crece con la sensación de no haber estado verdaderamente vivo.

(1976 c, GA IX, pág. 396)

Los que tienen miedo a la muerte son generalmente los que no están del todo vivos o los que están plenamente satisfechos de sí mismos, mientras que la muerte deja realmente de ser espantosa para aquellos que trascienden su yo.

(1976 c, GA IX, pág. 396)

Tememos morir en la medida en que vivimos en el modo de existencia del tener. Pero no es de morir de lo que uno tiene miedo, sino de perder lo que tiene: el cuerpo, el ego, los bienes y la identidad; el miedo de mirar al abismo de la no-identidad, de estar «perdido».

(1976 a, GA II, pág. 360)

La decadencia de la personalidad en la vejez es síntoma de que no se ha vivido productivamente.

(1947 a, GA II, pág. 104)

Para mantener la vida bajo control hay que fragmentarla, partirla en trozos, esto es, ¡matarla! De hecho, la muerte es lo único cierto en la vida.

(1970 i, GA IX, pág. 417)

Morir es amargo, pero la idea de tener que morir sin haber vivido es insoportable.

(1947 a, GA II, pág. 104)

Para quien no tiene el coraje de vivir, el coraje de morir es el mejor sustituto.

(1990 i [1968], GA XI, pág. 397)

Alguien puede ser intrépido si no le va nada en la vida. Precisamente por eso suele buscar situaciones peligrosas, para huir de su temor a la vida, a sí mismo, a los otros seres humanos.

(1968 a, GA IV, pág. 272)

La intrepidez también se da en individuos plenamente desarrollados, que reposan en sí mismos y aman la vida.

(1968 a, GA IV, pág. 272)

Quien no se alegra de su vida quiere vengarse, y prefiere destruir la vida a sentir que la suya no tiene sentido.

(1974 b, GA XI, pág. 628)

«Resurrección» no quiere decir crear otra realidad después de la realidad de esta vida, sino convertir esta realidad en una vitalidad mayor.

(1968 a, GA IV, pág. 273)

La alegría auténtica yace en la actividad auténtica, y actividad auténtica es crecimiento de las facultades humanas.

(1983 b [1971], GA XI, pág. 319)

La alegría es el resultado de vivir intensamente.

(1991 e [1953], GA XI, pág. 238)

Los seres humanos quieren en su mayoría ser «felices», pero con «felices» se refieren a la satisfacción de todos los deseos y la ausencia de dolor. Una felicidad tal es por esencia necesariamente superficial y carente de alegría, pues excluye la tristeza.

(1968 f [1967], GA XI, pág. 393)

La mayoría de los seres humanos finge ser feliz, pues si se es infeliz, se es un *failure*, un fracaso.

(1977 i)

Ser feliz significa vivir la plenitud y no un vacío que haya que llenar.

(1955 a, GA IV, pág. 143)

La felicidad y el placer más grande posible no resultan de la satisfacción ilimitada de todos los deseos.

(1976 a, GA II, pág. 274)

La felicidad es el rendimiento de la productividad interior del ser humano, no un regalo de los dioses.

(1947 a, GA II, pág. 120)

Lo contrario de la felicidad no es la pena o el dolor, sino la depresión, que nace de la esterilidad e improductividad interiores.

(1947 a, GA II, pág. 121)

Si queremos definir la felicidad a partir de su contrario, no podremos confrontarla con la tristeza, sino que tendremos que oponerle la depresión.

(1955 a, GA IV, pág. 143)

La felicidad es un epifenómeno asegurado de la vida productiva.

(1947 a, GA II, pág. 102)

La felicidad va unida a un incremento de la vitalidad, de la intensidad de la sensibilidad y el pensamiento y de la productividad.

(1947 a, GA II, pág. 115)

La felicidad consiste en tocar la piedra angular de la realidad, en descubrir nuestro sí mismo y sentirnos a la vez uno con los demás y distinto a ellos.

(1955 a, GA IV, pág. 143)

En la vida, lo más importante no es ser feliz, sino estar vivo.

(1967 e, GA XI, pág. 348)

REFERENCIAS BIBLIOGRÁFICAS

Si no se especifica lo contrario, todas las citas se refieren a *Gesamtausgabe* (GA), las obras completas de Erich Fromm en doce volúmenes, publicadas por Rainer Funk, en Stuttgart y Múnich (Deutsche Verlags-Anstalt y Deutscher Taschenbuchverlag), en 1999.

1931 b «Politik und Psychoanalyse», en GA, vol. I, págs. 31-36.

1941 a *Die Furcht vor der Freiheit*, en GA, vol. I, págs. 215-392 (trad. cast.: *El miedo a la libertad*, Barcelona, Paidós, 1998).

1943 b «Geschlecht und Charakter», en GA, vol. VIII, págs. 365-376.

1944 a «Individuelle und gesellschaftliche Ursprünge der Neurose», en GA, vol. XII, págs. 123-129.

1947 a *Psychoanalyse und Ethik. Bausteine zu einer humanistischen Charakterologie*, en GA, vol. II, págs. 1-157 (trad. cast.: *Ética y psicoanálisis*, Madrid, Fondo de Cultura Económica, 1980).

1951 b «Mann und Frau», en GA, vol. VIII, págs. 387-400.

1955 a *Wege aus einer kranken Gesellschaft*, en GA, vol. IV, págs. 1-254 (trad. cast.: *Psicoanálisis de la sociedad contemporánea: hacia una sociedad sana*, Madrid, Fondo de Cultura Económica, 1990).

1955 c　*Der gegenwärtige Zustand des Menschen*, en GA, vol. V, págs. 267-272 (trad. cast.: *La condición humana actual*, Barcelona, Paidós, 1991).

1956 a　*Die Kunst des Liebens,* en GA, vol. IX, págs. 437-518 (trad. cast.: *El arte de amar*, Barcelona, Paidós, 1998).

1958 d　«Die moralische Verantwortung des modenen Menschen», en GA, vol. IX, págs. 319-330.

1959 c　«Der kreative Mensch», en GA, vol. IX, págs. 399-407.

1962 a　*Jenseits der Illusionen. Die Bedeutung von Marx und Freud*, en GA, vol. IX, págs. 37-155.

1964 a　*Die Seele des Menschen. Ihre Fähigkeit zum Guten und zum Bösen*, en GA, vol. II, págs. 159-268 (trad. cast.: *El corazón del hombre*, Madrid, Fondo de Cultura Económica, 1980).

1966 g　«Psychologische Probleme des Alterns», en GA, vol. IX, págs. 425-435.

1967 b　«Propheten und Priester», en GA, vol. V, págs. 295-307.

1967 e　«Die Faszination der Gewalt und die Liebe zum Leben», en GA, vol. XI, págs. 339-348.

1968 a　*Die Revolution der Hoffnung. Für eine Humanisierung der Technik*, en GA, vol. IV, págs. 255-377 (trad. cast.: *La revolución de la esperanza*, Madrid, Fondo de Cultura Económica, 1985).

1968 f　[1967] «Der geistige Zustand Amerikas», en GA, vol. XI, págs. 387-395.

1968 g　«Einleitung», en GA, vol. IX, págs. 375-391.

1970 e　«Humanistische Planung», en GA, vol. IX, págs. 29-36.

1970 h　«Zur Theorie und Strategie des Friedens», en GA, vol. V, págs. 243-257.

1970 i　«Pro und Contra Summerhill», en GA, vol. IX, págs. 415-423.

1970 j　«Die psychologischen und geistigen Probleme des Überflusses», en GA, vol. V, págs. 317-328.

1974 b　«Im Namen des Lebens. Ein Porträt im Gespräch mit Hans Jürgen Schultz», en GA, vol. XI, págs. 609-630.

1974 c «Hitler — wer war er und was heißt Widerstand gegen diesen Menschen?», en GA, vol. XI, págs. 365-378.

1976 a *Haben oder Sein. Die seelischen Grundlagen einer neuen Gesellschaft*, en GA, vol. II, págs. 269-414 (trad. cast.: *Tener o ser*, Madrid, Fondo de Cultura Económica, 1999).

1976 c «Der Wille zum Leben», en GA, vol. IX, págs. 393-397.

1977 b «Das Undenkbare denken und das Mögliche tun. Interview mit Alfred A. Häsler», en *Ex Libris*, Zúrich, Verlag Ex Libris, vol. 22, n.° 5, 1977, págs. 13-19.

1977 h «Der Terrorismus von Baader und Meinhof», en GA, vol. XI, págs. 512-513.

1977 i «Interview mit Micaela Lämmle und Jürgen Lodemann: Das Zusichkommen des Menschen», en *Basler Magazin*, Basilea, n° 47, 24 de diciembre de 1977, pág. 3.

1979 a *Sigmund Freuds Psychoanalyse — Größe und Grenzen*, en GA, vol. VIII, págs. 259-362 (trad. cast.: *Grandeza y limitaciones del pensamiento de Sigmund Freud*, Madrid, Fondo de Cultura Económica, 1980).

1979 b «Konsumreligion», en *Neues Forum*, Viena, n.ºˢ 301-302, 1979, págs. 12 y sig.

1979 d «Erich Fromm: du Talmud a Freud. Interview mit Gerard Khoury», en *Le Monde Dimanche*, París, 21 de octubre de 1979, pág. XV.

1980 d «Das Ziel ist die optimale Entfaltung des Menschen. Interview mit Jürgen Lodemann», en *Animation*, Hannover, n.° 5, 1980, págs. 170 y sig.

1980 e *Erich Fromm, Il coraggio di essere. Interview mit Guido Ferrari*, Bellinzona, Edizione Casagrande, 1980.

1983 b [1971] «Überfluß und Überdruß in unserer Gesellschaft», en GA, vol. XI, págs. 305-337.

1984 a «Erich Fromm. Interview mit Heiner Gautschy», en Heiner Gaustchy, *Die besten Gespräche aus den Fernsehreihen «Link» und «Unter uns gesagt»*, Berna/Stuttgart, Hallwag Verlag, 1984, págs. 301-321.

1989 a [1974-75] *Vom Haben zum Sein. Wege und Irrwege der Selbsterfahrung*, en GA, vol. XII, págs. 393-483 (trad. cast.: *Del tener al ser*, Barcelona, Paidós, 2000).

1990 g [1969] «Sexualität und sexuelle Perversionen», en GA, vol. XII, págs. 73-96.

1990 h «Der angebliche Radikalismus von Herbert Marcuse», en GA, vol. XII, págs. 97-111.

1990 i [1968] «Der politische Radikalismus in den Vereinigten Staaten und seine Kritik», en GA, vol. XI, págs. 396-407.

1990 r [1966] «Der Vietnamkrieg und die Brutalisierung des Menschen», en GA, vol. XI, págs. 507-509.

1991 d [1974] «Therapeutische Aspekte der Psychoanalyse», en GA, vol. XII, págs. 259-367.

1991 e [1953] *Die Pathologie der Normalität des heutigen Menschen*, en GA, vol. XI, págs. 211-266 (trad. cast.: *La patología de la normalidad*, Barcelona, Paidós, 2001).

1991 f [1962] «Zum Verständnis von seelischer Gesundheit», en GA, vol. XII, págs. 143-160.

1992 d [1961] «Der moderne Mensch und seine Zukunft», en GA, vol. XI, págs. 271-284.

1992 f [1956] «Psychische Bedürfnisse und Gesellschaft», en GA, vol. XII, págs. 131-137.

1992 g [1959] «Das Unbewußte und die psychoanalytische Praxis», en GA, vol. XII, págs. 201-236.

1992 h [1975] «Die Bedeutung der Psychoanalyse für die Zukunft», en GA, vol. XII, págs. 369-390.

1992 j [1972] «Meine Kritik an der Industriegesellschaft», en GA, vol. XI, págs. 301-303.

1992 o [1968] «Wahlkampfrede für Eugene McCarthy beim "Versöhnungsbund"», en GA, vol. XI, págs. 584-589.

1992 q [1965] «Credo eines Humanisten», en GA, vol. XI, págs. 593-596.

1992 s [1974] «Meister Eckhart und Karl Marx: Die reale Utopie der Orientierung am Sein», en GA, vol. XII, págs. 485-526.

ÍNDICE ANALÍTICO